AF206922

Welterkläruny

Tochter (16) fragt- Vater antwortet

von

Johann Henseler

Johann Henseler, Körnerstr.20, 40721 Hilden, email: johann.henseler@t-online.de

Inhalt

1. Warum bin ich so allein?

Antwort:

Eigentlich weißt du ja selbst, dass du nicht allein bist. Du hast deine Freundinnen, deinen Freund und deine Familie.

Ich verstehe dich aber so, dass du dich manchmal oder auch öfter ziemlich einsam fühlst und dass dir darüber auch die Gegenwart anderer Personen nicht hinweghilft.

Woran kann das liegen?

Eine Erklärungsmöglichkeit sehe ich darin, dass dir die Bezugspersonen, mit denen du bisher sehr intensiv zusammen warst, allmählich fremd werden, oder dass du das Gefühl hast, dass sie dir entgleiten. Diesen Prozess der Loslösung durchlebst du gerade und man kann ihn nicht verhindern.

Diese Entwicklung ist allerdings auch von dir gewollt. Er betrifft uns als deine Eltern und deine Freunde und Bekannten.

Wir als Eltern versuchen, für dich da zu sein, wenn du unseren Rat brauchst. Ich weiß, dass ich des Öfteren der Versuchung erliege, dir ungefragt Rat zu erteilen, der von dir manchmal als Vorwurf verstanden wird und vielleicht auch so gemeint war. Ich denke, dass du es bevorzugst, wenn wir etwas zurückhaltender sind, also dir den Prozess deiner Ablösung, der schon schwer genug ist, nicht noch dadurch erschweren, dass wir uns in alles einmischen, uns an dich klammern und alles und jedes bestimmen oder erfahren wollen. Die Zurückhaltung fällt uns manchmal schwer, aber du sollst selbstständig werden, und das erstrebst du selbst am meisten.

Die Freiheit des Erwachsenseins ist allerdings kälter als die Geborgenheit der Kindheit. Du verlierst etwas, aber nur dadurch kannst du etwas gewinnen. Der Verlust der Geborgenheit, die dein Leben bisher entscheidend bestimmt hat, verursacht Trauer, dein Trost liegt nur im Gewinn von etwas Neuem. Der Verlust der Bindung an uns wird nie, so hoffe ich, total sein, ein großes Maß an Intimität wird hoffentlich bleiben. Die Größe des Abstandes zu uns wirst du allein bestimmen müssen.

Was deine Freunde und Bekannten angeht, so hast du schon mehrere Male erlebt, dass Freundschaften zerbrachen oder einfach einschliefen, da das nötige Interesse wahrscheinlich von beiden Seiten fehlte und neue Eindrücke die alten verdrängten. Ebenso hast du erlebt, dass alte Freundschaften wieder auflebten oder dass ganz neue Beziehungen entstanden.

Vielleicht ist die Situation jetzt besonders schwierig, weil die Anzahl der Freunde und Bekannten insgesamt abnimmt und es dir noch nicht genügend gelungen ist, andere dir attraktiv erscheinende Bekanntschaften zu schließen. Vielleicht ist es auch so, dass du andere beneidest, die in Gruppen oder Cliquen sind, in denen du auch gern wärst.

Du bist in dem Alter, in dem sich deine grundlegenden Einstellungen und Überzeugungen festigen. Das schafft Abstand zu denen, die diese nicht teilen. Je tiefer Überzeugungen sind, je wichtiger es einem ist, nach seinen Überzeugungen zu handeln, umso schwerer fällt es, in dem eher zufällig zusammengesetzten Kreis der Bekannten Gleichgesinnte zu finden. In der Grundschule war es sicher kein Problem, fast die ganze Klasse zu mögen. Das geht bei fortschreitender Entwicklung nicht mehr. Da fängt man an, genauer auszusuchen, die Entwicklung alter Freundinnen oder Freunde kritisch zu beurteilen und sich auch von ihnen ggf. zu entfernen. So wie man seine eigenen früheren Verhaltensweisen zunehmend kritischer sieht, ja manche von ihnen nunmehr geradezu unverständlich findet, so verhält es sich auch mit der Beurteilung anderer.

Das ist ein notwendiger Selbstfindungsprozess, der nicht ohne Selbstzweifel abläuft. Man weiß eben nie, ob man immer das Richtige tut und ob alle Entscheidungen zu vertreten sind. Man kann sich Rat bei Entscheidungen holen, aber treffen muss man sie immer selbst. Das schafft ein Gefühl von Einsamkeit, weil man sich dabei oft überfordert fühlt und mit mancher Entscheidung die Trennung von anderen Menschen verbunden ist.

Aber die Trennung schafft auch Chancen, weil du dir neue Partner suchen wirst, denen du vertrauen kannst, mit denen du eine neue, vielleicht tiefere Intimität und Freundschaft aufbauen kannst, Partner, die dir das Gefühl des Alleinseins nehmen. Das sind womöglich nicht so viele, aber es sind sicher wertvolle.

Du solltest nicht die beneiden, die mit jedem und allen befreundet sind, die immer im Mittelpunkt zu stehen scheinen oder dauernd im Pulk herumlaufen. Hinter dieser Geschäftigkeit kann eine allgemeine Oberflächlichkeit stehen, die in ihrer fröhlich erscheinenden Unverbindlichkeit eine noch größere Einsamkeit verbirgt, als du sie verspürst.

Ich meine also, dass dein Gefühl des Alleinseins Ausdruck einer notwendigen Entwicklung zum selbstbestimmten Menschen ist. Bei bewusster Gestaltung schafft diese Entwicklung aber nicht nur Verlustgefühle, sondern eröffnet auch neue Horizonte.

Ich wünsche dir, dass du zu den neuen Horizonten aufbrechen willst.

2. Ist der Mensch gut oder böse?

Antwort:

Die Frage, ob der Mensch gut oder böse ist, also die Frage nach dem richtigen Menschenbild, ist sicher eine der grundsätzlichsten und eine der spannendsten dazu, weil sie unweigerlich auch einen selber mit einschließt: Bin ich gut oder böse?

Wenn man die Frage schlüssig und endgültig beantworten könnte, wie der Mensch ist oder sein sollte, wäre sicher das Ziel der Philosophie erreicht, weil dann die zweifelsfreien Ergebnisse des philosophischen und religiösen Suchens vorlägen und man sich ihrer nur noch zu bedienen bräuchte, um das Richtige zu tun. Mit dieser Frage bräuchte sich die Philosophie dann nicht mehr zu beschäftigen.
Jedoch: Vermuten, was man dem Menschen zutrauen kann, wissen, ob er gut oder böse ist, abschätzen zu können, womit man ihn überfordert - endgültige Antworten wird es dazu nie geben.

Dennoch können wir nicht ohne eine Antwort leben, und sei sie noch so vorläufig. Denn wir leben mit anderen Menschen zusammen und das erfordert, dass wir uns ein Bild von ihnen machen. Aber jede Antwort wird im Lichte neuer Erlebnisse und Erkenntnisse revidiert werden müssen. Das ist oft schmerzlich, denn es entlarvt die eigenen Illusionen und Vorurteile.

Die Bereitschaft, vorgefasste Meinungen über das Wesen des Menschen zu revidieren, wird helfen, zumindest Annäherungen an allgemeinere Erkenntnisse zustande zu bringen.

Die Verweigerung der schmerzlichen Revision der eigenen sicher geglaubten Gewissheiten führt, gerade dann, wenn man besonders realistisch sein will, in den Zynismus. Der Zyniker bildet sich ein, alles zu wissen und hat es aufgegeben, Menschen anders wahrzunehmen, als so, wie er es für sich selbst als unveränderliches Resultat der gemachten oder eingebildeten Erfahrungen festgelegt hat. Diese Erfahrungen sind häufig schlecht, zumindest hält der Zyniker die schlechten Erfahrungen für wichtiger als die guten. Daraus resultiert eine zur Überzeugung geronnene Bitterkeit, die ungerecht gegenüber den Menschen wird, die sich als Abgeklärtheit verkauft, die aber den Aufbau von Vertrauen in andere verhindert und die eigene Vereinsamung fördert, vielleicht sogar den Hass auf sich und auf andere.

Dagegen muss man ankämpfen, weil die Enttäuschungen einem nach einiger Zeit nahelegen, dass der Zynismus der einzig wirksame Selbstschutz gegen weitere Enttäuschungen sei. Gerade der durch die tägliche Wirklichkeit zurechtgerückte Idealismus gerät in Gefahr, sich zu einer verhärteten Haltung zu entwickeln, sozusagen als Rache an der Wirklichkeit. Der Idealismus wird danach als dumme Jugendsünde abgehakt und belächelt.

Der Zynismus gilt bei vielen Erwachsenen als Ergebnis von Lebenserfahrung und damit als Eintrittskarte in die Welt der Lebenstüchtigen. Er ist daher sehr verführerisch. Sein Menschenbild wird in dem Satz zusammengefasst: „Die Menschen sind schlecht." Oder drastischer: „Menschen sind Schweine!"
Das hat gewollte oder ungewollte Konsequenzen für den Zyniker selbst: Wenn alle Menschen schlecht sind, dann fällt er auch über sich selbst dieses Urteil. Wenn er sich selbst von diesem Satz ausnimmt, dann könnte man auch andere ausnehmen, und damit hätte man die Allgemeingültigkeit des Satzes ad absurdum geführt. Das Perfide besteht aber darin, dass der Zyniker sich selbst in die Schlechtigkeit der Menschen mit einschließt, denn damit hat er sich selbst eine Generalabsolution für die eigene Gewissenlosigkeit geschaffen. Diese Menschen betrachten den Verrat als legitim, man sollte sie meiden.

Aber auch der ungehemmte Glaube an die Kraft des eigenen guten Willens, an den wahrscheinlichen Erfolg des Idealismus, an die Kraft der Überzeugung, an das Gute im Menschen zu glauben, birgt Gefahren. Das Verhalten vieler Menschen führt immer wieder dazu, dass dieser Glaube enttäuscht wird.

Woran liegt das?
Das mag an der Unzulänglichkeit der Menschen liegen, das mag an den eigenen übertriebenen Erwartungen liegen, das mag an den Umständen liegen. Wichtig ist nur, dass man der Frage nach den Gründen des Scheiterns nachgeht und aus dem, was man sieht und

erfährt, seine Lehren zieht. Es hat keinen Zweck, von sich und den Menschen mehr zu verlangen, als sie zu geben in der Lage sind. Realistische Erwartungen an andere zu stellen, ist schon schwierig. Und bis dass diese Erwartungen erfüllt werden, führt der Weg über Verletzungen, Enttäuschungen und Selbstvorwürfe.

Aber aufgeben darf man sein Bemühen nie, verändern und den neuen Gegebenheiten anpassen, muss man es ständig.

Ich meine, dass die Menschen sowohl zum extrem Bösen als auch zum extrem Guten fähig sind. Das lässt die großen Verbrecher manchmal menschlich erscheinen und die Heiligen fehlbar. Die Bandbreite des Handelns jedes Menschen bewegt sich zwischen Bösem und Heiligem, und was wir davon mehr verwirklichen, hängt von der Gesellschaft, den persönlichen Lebensumständen und vom Menschen selbst ab.

Letztlich glaube ich, so wie es auch im christlichen Glauben verankert ist, dass der Mensch zumindest mit Einschränkungen die Freiheit besitzt, Gutes oder Böses zu tun oder zu lassen. Man kann nur versuchen, Umstände zu schaffen, die das Gute als sinnvoller erscheinen lassen.

Mit einem Menschen so umzugehen, dass das Gute als Beispiel und Vorbild für dessen Handeln dient, könnte ein sinnvoller Weg sein.

Dabei wird man sich immer der eigenen Schwächen und der Schwächen des anderen bewusst bleiben müssen, was nicht heißt, diese alle zu akzeptieren. Die eigenen

Schwächen sollte man sich zumindest eingestehen und, wenn möglich, bekämpfen.

Die Beurteilung der Schwächen von anderen kann durchaus zur Konsequenz führen, deren Schwächen als inakzeptabel anzusehen, und daher den Kontakt zu diesen Personen abzubrechen.

Insgesamt meine ich, dass es ein Leben lang sinnvoll ist, sich mit anderen zu beschäftigen. Ich halte es dabei meist so, dass ich eine Reaktion von anderen im Sinne eines guten Menschen erwarte, weiß aber genau, dass das nicht eintreten muss, sondern auch das eintreten kann, was man schwerlich noch akzeptieren wird.

Meist geht es ja nicht um grundsätzliche moralische Kategorien im menschlichen Miteinander, dennoch müssen diese auch in kleinen alltäglichen Dingen das Fundament des Handelns sein.

Wenn man die Endlichkeit der Menschen akzeptiert, weder Heilige noch Teufel erwartet und mit seinen Erwartungen versucht bescheiden zu bleiben, und doch noch ein bisschen mehr an die Heiligen als an den Teufel glaubt, auch wenn der Teufel öfter vorzukommen scheint, dann verzweifelt man vielleicht nicht so rasch an sich und anderen. Vielleicht sollte man den Menschen immer ein bisschen mehr zutrauen, als sie sich selbst zutrauen. Wenn sie überfordert sind, wird man das schon merken.

Das alles ist eine schwierige Gratwanderung, und der Erfolg hängt sicher in einem hohen Maße von der persönlichen Sensibilität ab. Diese kann man aber schulen und entwickeln.

Die Bereitschaft, Menschen gerecht zu beurteilen, wünsche ich dir.

3. Was ist wichtiger, Herz oder Verstand?

Antwort:

Manchmal können, besonders in der Liebe, Situationen entstehen, mit denen man nicht gerechnet hat, und man fragt sich, ob die Entscheidung, je nachdem, wie man sie trifft, nicht dazu führen kann, dass man unglücklich wird.

Wie soll ich mich entscheiden, wenn ich mich in eine andere Person verliebe? Soll ich meinen bisherigen Partner verlassen oder ist das viel zu voreilig?

Hier liegen Emotion und Vernunft im Widerstreit, das Herz sagt ja, aber der Verstand sagt nein. Wem soll man folgen?

Das Herz hat eine andere Vernunft als der Verstand, und mit dem Verstand kann man nicht lieben. Aber das Herz ist blind, und der Verstand warnt, weil er die Unvernunft des Herzens kennt und in seiner Erfahrung gespeichert hat, dass die Unvernunft des Herzens dem Herzen später selbst schweren Schaden zufügen kann.

Du kannst dir sicher mit dem Verstand die Liebe nicht ausreden. Deine Gefühle werden sich über diese Rationalisierung hinwegsetzen. Aber Gefühle bleiben oft nicht so intensiv, wie sie waren, sie sind oft situationsgebunden, zeitlich befristet, unterliegen erheblichen Schwankungen.

Vielleicht hast du auch schon erlebt, dass du im Nachhinein deine Gefühle nicht mehr verstehen konntest, dass es dir selbst unbegreiflich war, wie du einen bestimmten Menschen überhaupt lieben konntest. Insofern ist ein gewisses Misstrauen gegenüber den eigenen Gefühlen durchaus angebracht, auch als Selbstschutz. Oft werden eben Gefühle sehr schnell relativ, nicht weil du keine mehr hast, sondern weil andere Gefühle die alten verdrängen.

Wenn dir also dein Verstand sagt, dass das Ausleben deiner Gefühle für dich später Empfindungen des Unglücks hervorrufen könnte, so gibt es zwei Wege, damit umzugehen:

Der erste Weg ist: Pfeif drauf, leb deine Gefühle aus, nimm in Kauf, dass dir später einiges oder alles leid tut, jetzt ist dir der Moment wichtiger, jetzt willst du das, was du so sehr verlangst. Zumindest einen Vorteil hat diese Entscheidung: Du brauchst dir später keine Vorwürfe zu machen, entscheidende Erlebnisse verpasst zu haben, deine Chance nicht genutzt zu haben, zu feige gewesen zu sein. Die Reue, die eintritt, wenn diese Entscheidung falsch war, musst du eben ertragen, vielleicht ist es das sogar wert.

Der andere Weg ist: Gib den Gefühlen nicht sofort nach. Da du deine eigene Unzulänglichkeit kennst, warte ab, ob du deinem Herzen trauen kannst oder ob dir dein

Herz wieder einen seiner vielen Streiche spielt. Ein zeitlicher oder räumlicher Abstand wird dir helfen zu entscheiden, wie ernst du deine eigenen Gefühle nehmen kannst. Dabei riskierst du natürlich, dass die Gefühle abflauen und du die schönste Gelegenheit vielleicht verpasst hast. Du gewinnst aber auch Gewissheit und du kannst die Ernsthaftigkeit und die Tiefe deiner Gefühle besser ausloten. Du schützt dich vor zu großen Enttäuschungen, die vermeidbar gewesen wären. Dieser Weg ist sicher dann zu empfehlen, wenn der andere Mensch jenseits seiner körperlichen Attraktivität offensichtlich charakterlich nicht viel zu bieten hat, wenn er zu herrischen Verhaltensweisen neigt und dich offen oder versteckt auszunutzen versucht.

Welchen Weg du auch wählst, lass dich nicht von Argumenten beeinflussen, die wenig mit der Sache an sich zu tun haben. Damit meine ich vor allem Einschätzungen, Beurteilungen und Verurteilungen durch Dritte. Es ist zwar immer gut, einen Rat zu hören, aber die Reaktion des Beraters oder auch Unbeteiligter ist prinzipiell zweitrangig. Auch die Beachtung von Konventionen hilft dir hier nicht, sondern sie fesselt dich.

Ansonsten musst du je nach Lage entscheiden, und wenn sich herausstellt, dass du falsch entschieden hast, musst du damit leben.

In diesem Fall wünsche ich dir, dass du nicht zu sehr leidest.

4. Woher weiß ich, wer für mich der wichtigste Mensch ist?

Antwort:

Die Frage, woran man erkennt, wer der wichtigste Mensch für einen ist, ist eine Scheinfrage.

Denn jeder weiß, wer der wichtigste Mensch für einen selbst ist.

Es kann aber sein, dass ein neues Gefühl beunruhigend ist, da man zum ersten Mal feststellt, dass der vormals wichtigste Mensch nicht mehr länger der wichtigste ist. Das provoziert den Wunsch zu wissen, ob es richtig ist, einen anderen Menschen als den bisherigen als wichtigsten anzusehen.

So wie ich die Frage verstehe, ist es die Frage nach der Liebe, insbesondere dann, wenn die Liebe zu einem Partner so intensiv ist, dass sie die Liebe zu den Eltern und Geschwistern übersteigt.

Grundsätzlich gibt es keine Verpflichtungen, keine Sachzusammenhänge oder irgendwie von außen bestimmte Vorgänge, deren legitimer Sinn es ist, zu erwarten, dass man mit schlechtem Gewissen liebt.

Es ist das Wesen der Liebe, dass sie wichtiger ist als alles andere. Dazu gehört, dass um den anderen, den man ja schon als Teil des eigenen Lebens empfindet, alle Gedanken kreisen, dass man die Trennung von ihm als schmerzlich und oft auch als lähmend erlebt, dass man den Geliebten vermisst, seine Gegenwart, seine Stimme, seine Gesten, seine Schwächen, seine Nähe, seine Umarmung, kurz seine ganze Totalität herbeisehnt und oft an nichts Anderes mehr denken kann.

Wie soll man nun mit dieser Erfahrung umgehen?

Große Gefühle verlangen große Entscheidungen. Große Gefühle muss man auch pflegen, sie vertragen keine dauernde Entsagung. Die Menschen sind nun mal zeitliche Wesen, und die Vergänglichkeit erfasst alles, wenn man es nicht stetig neu belebt, das gilt auch für die Liebe.

Wenn es sich bei der Beziehung nicht nur um eine vorübergehende Verliebtheit handelt, sondern wenn man sie als ein essenzielles Gefühl erlebt, von dem man überzeugt ist, dass es halten wird, und man auch unbedingt will, dass es hält, dann gibt es nicht sehr viele Möglichkeiten für das eigene Verhalten.

Folgende Möglichkeiten sehe ich, wie man mit der Liebe umgehen kann:

Erstens: Man glaubt, dass die Liebe so stark ist, dass sie alle Hindernisse meistern wird, und man schätzt die Hindernisse daher nicht realistisch ein. Dadurch riskiert man, dass die Liebe am Übermaß der Belastungen erstirbt oder nur zu einer reinen Theorie degeneriert. Diesen Standpunkt möchte ich wahlweise den idealistischen oder naiven Standpunkt nennen. Er birgt das große Problem, dass Zwänge unterschätzt werden und schließlich wichtiger zu sein scheinen als die Liebe selbst, d. h. eine außengesteuerte Zielvorstellung wird das Entscheidende.

Zweitens: Die Liebe hat sich als ein so wesensmäßiges Element des eigenen Glücks entwickelt, dass man dieses Glück nicht gefährden will. Daher wird alles andere, zumindest für eine erdenkliche Zeit, der Liebe bedingungslos untergeordnet. Dieses nenne ich den absoluten Standpunkt. Er birgt das Problem, dass die Liebe vielleicht überschätzt wird, ihr ein Stellenwert beigemessen wird, der sich in der Folgezeit als zu hoch erweisen könnte, weil ihr auch die eigene Individualität, also die eigenen Vorstellungen und Wünsche, untergeordnet werden.

Drittens: Man lässt alles, wie es ist, entweder hält die Liebe oder nicht, äußere Veränderungen der Lebensbedingungen werden nicht forciert, irgendwie wird sich alles regeln oder eben auch nicht, die Zeit wird zeigen, wie es weitergeht, man greift nicht selbst ein. Diesen Standpunkt nenne ich den realistischen oder resignativen. Er birgt das Problem, dass der Schmerz über verpasste Gelegenheiten, über das Fehlen einer initiativen Gestaltung des eigenen Lebens übermächtig sein kann. Die Liebe stirbt womöglich den Alltagstod.

Nun, ich neige dazu, Lösungen zu bevorzugen, die mir die Initiative überlassen, die das Größtmögliche ergeben können, und wenn es nicht gelingt, so habe ich es doch wenigstens versucht.

Deinen Umgang mit dem wichtigsten Menschen musst du selbst bestimmen, und wenn dies radikaler Änderungen bedarf, dann ändere radikal.

Ob das alles richtig sein wird, wirst du im Vorhinein nie wissen, aber du musst das tun, was du mit der Seele willst, und da darf sich keiner anmaßen, das besser zu wissen als du. Lass dich nicht zu sehr von Bedenken, die andere haben, beeinflussen, deine eigenen reichen schon.

Zumindest kann ich für meine Person sagen, dass mir die von mir nach reiflicher Prüfung gefällten Entscheidungen danach auch dann nicht leid getan haben, wenn sie sich als falsch erwiesen hatten. Das mag daher rühren, dass sich die meisten als richtig herausgestellt haben, aber der Trost bei nachteiligen Folgen war immer, dass ich das Gefühl hatte, mein Leben aktiv gestaltet zu haben, auch wenn Konventionen oder Widerstände zunächst eine andere Lösung geratener erscheinen ließen.

Den Mut, selbstbestimmt und selbstbewusst zu entscheiden, wer der wichtigste Mensch für dich ist, wünsche ich dir.

5. Leben wir im richtigen Wirtschaftssystem?

Antwort:

Es ist nicht eindeutig, woran man feststellt, ob ein Wirtschaftssystem „richtig" ist. Was soll als Maßstab dafür gelten? Soll das System möglichst effektiv sein? Soll es gerecht sein? Soll es zukunftsorientiert sein? Soll es durch unsere Zustimmung legitimiert sein? Vielleicht sollte all dies als Maßstab für die Richtigkeit unseres Systems herangezogen werden.

Unser wirtschaftliches System der sozialen Marktwirtschaft wird oft hoch gelobt, aber auch häufig kritisiert, oft fundamental.

Es handelt sich im Kern um ein kapitalistisches System.

Hinsichtlich der Effektivität kann man Folgendes sagen: Es gibt keine andere Wirtschaftsform, die so rational und effektiv ist wie die kapitalistische. Keine Wirtschaftsform hat das Potential, die Grundbedürfnisse der Menschen so gut zu erfüllen, wie der Kapitalismus dies hat. Es ist völlig naheliegend und legitim, sich zu wünschen, dass der eigene Lebensstandard steigt, dass Kinder nicht mehr hungern, dass sie ein Fahrrad haben, dass Frauen sich mal ein hübsches Kleid kaufen können und die Männer sich eine Eintrittskarte für ein Fußballspiel leisten können. Der Kapitalismus hat anstelle der

Mangelwirtschaften eine Überflusswirtschaft geschaffen, einhergehend mit einem in früheren Zeiten kaum vorstellbaren allgemeinen Wohlstand für die Bevölkerung in Industrieländern.

Der Kapitalismus ist die erfolgreichste und effektivste Wirtschaftsform aller Zeiten. Seine Konkurrenz, die sozialistische Wirtschaft, war eine staatskapitalistische Zwangswirtschaft, die in einem weit höheren Maße als der Kapitalismus natürliche und menschliche Ressourcen verschwendete und letztlich vom Kapitalismus besiegt wurde.

Das effektivste System ist aber weder gerecht noch zukunftsorientiert. Es verursacht Umweltzerstörung, Verschwendung, krasseste Brutalität und – besonders in der Dritten Welt – menschenverachtende Ausbeutung. Es beruht auf Habgier, Berechnung, Schonungslosigkeit, Machtausübung, Hochmut, und oft Gewissenlosigkeit. Moralische, ethische Werte werden zur Kaschierung der egoistischen Motive strategisch eingesetzt. Diese Seite kann zur Zerstörung des Systems selbst führen, das bedeutet eben auch zur Zerstörung der Menschen, vielleicht der Menschheit.

Kann aber ein System insgesamt gerechtfertigt werden, wenn es die krassesten Ungerechtigkeiten produziert und sich und dessen Produzenten in den Untergang führt, ja womöglich wesensmäßig und daher notwendigerweise die globale Katastrophe herbeiführt? Das hieße den Tanz auf dem Vulkan toll zu finden, weil man sich einredet, dass der Vulkan schon nicht ausbrechen wird.

Keiner wird, wenn man ihm die Pistole an den Kopf setzt, die Schönheit des Sonnenuntergangs preisen. Ähnlich verbieten die Gefahren des Systems ein naives Lob: Wenn das System in den Untergang führt, kann ich seine angenehmen Seiten nicht rückhaltlos loben.

Wie kann man sich gegenüber einem System verhalten, ohne das ein ökonomisch gesichertes Leben kaum vorstellbar ist, das aber auf der anderen Seite die Selbstzerstörung und die Zerstörung der Menschheit zur Folge haben kann?

Die erste Möglichkeit besteht darin, die negative Seite des Kapitalismus zu leugnen, in Kauf zu nehmen oder zu verharmlosen, also nicht deren Existenz als wesentlich anzusehen und daraus den Schluss zu ziehen, möglichst erfolgreich sich in dieses System einzugliedern. Als Belohnung erwartet man eine ökonomisch gesicherte Position. Das nenne ich den unkritisch-egoistischen Weg.

Als weitere Möglichkeit sehe ich den individualistischen Weg der Verweigerung. Aus moralischen Gründen will man nicht Teil des verworfenen Systems sein, man steigt aus, lebt von den Resten und dem Überfluss dieses

Systems oder in Nischen, die das System erlaubt. Das Problem dabei ist, dass diese Aussteiger trotzdem Teil dieses Systems sind.

Ich habe kein Verständnis für Aussteiger. Diese kann es nur geben, weil eine reiche Gesellschaft sich diese Extravaganz leisten kann. Protesthaltungen haben den unschätzbaren Vorteil für die Protestierenden, dass sie ein gutes Gewissen verleihen. Aber die Protestierenden leben von dem, was sie verdammen, und insofern sind sie unehrlich. Für eine gesamtgesellschaftliche Zukunftsperspektive sind individualistische Sonderwege wohl kaum eine realistische Option.

Dann gibt es noch den Traum, das bestehende System der menschlichen Kälte durch ein System zu ersetzen, in dem persönliche Bindungen wieder eine große Rolle spielen.

Die Sehnsucht vieler Menschen nach einer Wirtschaftsform, die als Maßstab das persönliche Verhältnis der Menschen untereinander sieht, ist im Prinzip eine reaktionäre, da sie die Wiederkunft der feudalistischen Verhältnisse erträumt, deren Zwangscharakter nicht erkannt wird. Die Verhältnisse in den südlichen Latifundien oder die Lebensbedingungen dort auf dem Land sind so schlecht, dass die Ausbeutungsmühlen der großkapitalistischen Betriebe im eigenen Land geradezu herbeigesehnt werden und ein Arbeitsplatz darin als das große Los gilt. Oft ist es so, dass der schlechteste Kapitalismus noch besser ist als der beste Feudalismus.

Ich nenne diesen Weg den nostalgisch-reaktionären Weg. Er ist eine Illusion, weil er historisch überholt ist.

Die Aktivitäten von NGO (Greenpeace, Robin Wood, Tierschützer, Attac) erlangen oft größere gesellschaftliche Aufmerksamkeit. Die Aktivisten beschränken sich aber meist auf wichtige Teilaspekte der gesellschaftlichen Realität und deren mögliche Entwicklung. Aus dieser Kritik leiten sie den Anspruch ab, dass ihre Kritik die entscheidende sei, um das Fortbestehen der Menschheit zu ermöglichen. Das verhärtet oft ihren Idealismus zum missionarischen Doktrinarismus, der schließlich dazu neigt, alle anderen Überzeugungen zu verteufeln, so dass eine Kommunikation mit den selbsternannten Weltverbesserern immer schwieriger wird. Das kann so weit führen, dass selbst Gesetzesübertretungen im Sinne des vermeintlich übergeordneten Zieles von ihnen als legitim erachtet werden.

Ich nenne diesen Weg den radikalreformerischen Weg, der sich auf Teilaspekte beschränkt, ohne diese in eine kohärente Gesamtkonzeption einzubetten.

Gruppen mit einer Gesamtkonzeption formulieren oft den Gedanken der Umverteilung: Jeder erhält das, was er braucht.

Wenn man Institutionen fordert, die bestimmen, welche der menschlichen Bedürfnisse nicht akzeptabel seien, liefe dies auf eine Bedürfnisfeststellungsdiktatur hinaus. Damit meine ich vor allem die Festlegung materieller und nichtmaterieller Bedürfnisse eines Menschen durch andere. Dies ist ja ein Grundproblem des Sozialismus, der die Verteilung von Waren nach diesem an sich einleuchtenden Prinzip vornehmen wollte: Jeder arbeitet nach seinen Fähigkeiten, jeder erhält die Erträge der Arbeit nach seinen Bedürfnissen. Das hat etwas Bestechendes, hat aber offensichtlich in Reinform nicht funktioniert, wenngleich jedwede Sozialpolitik teilweise diesen Grundsatz anwendet.

Worin sehe ich nun die Lösung? Sie ist nicht sehr originell, bietet aber möglicherweise eine Entwicklungsperspektive, deren Schwerpunkte jeweils neu gefunden werden können, also ein geschlossenes Weltbild vermeidet.

Bisher haben wir in Deutschland das kapitalistische System der Wirtschaft durch die Formel der Sozialen Marktwirtschaft zu zähmen versucht, d.h. dass die negativen Auswirkungen des Kapitalismus durch die

Sozialgesetzgebung wenigstens abgemildert werden, zumindest was den nationalen Rahmen angeht.

Damit ist aber auch klar, dass globale Verantwortung in diesem System kaum durchsetzungsfähig ist, und weiterhin wird die dominante Rolle der Wirtschaft anerkannt, bei der die Politik nie den Weg bestimmt, sondern nur sog. Kollateralschäden, die die Wirtschaft verursacht, für die Betroffenen abmildert.

Hier müssten die Schwerpunkte vertauscht werden: Aus der sozialen Marktwirtschaft müsste ein marktwirtschaftliches Sozialsystem geformt werden. Die Demokratie müsste die Eckpunkte auch in globaler Hinsicht bestimmen, an die sich die Marktwirtschaft zu halten hätte: globale Aspekte des Klimaschutzes politisch umsetzen, Verbot von Waffenexporten, Kontrolle des Bankenwesens, Aufbau von funktionierenden Volkswirtschaften in den Entwicklungsländern, Abmilderung von Altersarmut, nur um einige Aspekte herauszugreifen. Damit könnte man vielleicht die Welt zum Besseren verändern, und vielleicht auch neue, andere Wege suchen.

Dass du einen offenen Blick dafür behältst, dass Vieles der Veränderung bedarf, und dass du den Mut hast, diese Veränderung auch zu gestalten, das wünsche ich dir.

6. Frage: Muss es nicht die Aufgabe des Staates sein, uns allen ein Ziel zu geben, so dass wir in Sicherheit und ohne Angst leben können?

Antwort:

Was das Ziel für alle, also das Ziel der Gesellschaft, angeht, so kann man vielleicht Folgendes dazu sagen:

Abgesehen von den Grundwerten, die allgemein anerkannt sein sollten, halte ich es für gefährlich, ein Ziel für die Gesellschaft konkret zu definieren. Du kannst in der Pluralität von Zielvorstellungen deine mit einbringen und solltest andere tolerieren, solange sie nicht gegen die Grundwerte verstoßen. Diese Grundwerte müssen ständig kontrolliert werden, sowohl ihre Fortschreibung als auch ihre konkrete Verwirklichung. Wenn es schon eine Utopie gibt, dann vielleicht die, dass die Gültigkeit der Grundwerte weltweit nicht nur theoretisch anerkannt, sondern auch praktisch durchgesetzt wird. Das bedarf eines langen Atems und einer großen Frustrationstoleranz, um nicht verzweifelt aufzugeben im Kampf gegen moralische Korruption, körperliche und strukturelle Gewalt, religiöse Bigotterie.

Freiheit braucht Unordnung, keine festen Definitionen inhaltlicher Zielbestimmungen. Die Zielbestimmung einer humanen Welt ist Zielbestimmung genug, und es gilt seine Kraft dafür einzusetzen, dass wir diesem Ziel näher kommen und die zu bekämpfen, die diese humane Welt nicht wollen oder unter dem Vorwand sie zu wollen, die Welt inhumaner machen.

Kann Freiheit von Angst ein gesellschaftliches Ziel sein?

Du glaubst offensichtlich, dass Angst eines der größten Probleme der Menschen ist, und damit hast du sicher Recht. Die Angst oder die Sorge ist aber auch produktiv, da sie nach neuen Lösungen suchen lässt.

Ich glaube, dass aus tiefenpsychologischer Sicht die Urangst mit dem Urvertrauen korrespondiert. Ich halte es schlechterdings für unmöglich, einen Zustand herzustellen, der angstfrei ist. Ich glaube, dass Angst für den Menschen konstitutiv ist, weil sie auch schützen kann.

Oft wird als Ausweg aus der Angst eine spirituelle Revolution gefordert.

Eine spirituelle Revolution im Sinne der Abschaffung von Angst halte ich für aussichtslos oder verblendet. Ich weiß noch nicht mal, ob die Abschaffung von Angst überhaupt wünschenswert wäre, da sie ja auch ein schöpferisches Potential hat.

Entscheidend ist nicht die Existenz von Angst, sondern wie man mit der Angst umgeht, welche Formen des Umgangs mit Angst akzeptabel sind, welche unnötige

Angst man bekämpfen kann, welche Strategien man entwickelt, um notwendiges Vertrauen aufzubauen, bei welcher Angst man helfen kann, sie abzubauen, vielleicht auch, welche Angst aufgebaut werden muss, z.B. um die eigene Existenz zu schützen.

Das ist eine langwierige, eigentlich nie endende Aufgabe, bei der man anderen helfen muss, mit der man aber auch selbst ständig konfrontiert wird. Die Angst von Menschen muss man grundsätzlich ernst nehmen, selbst wenn sie einem selbst als lächerlich, unbegründet oder falsch vorkommt. Sicher gibt es Strategien, das Falsche an einer Angst zu zeigen.

Eine spirituelle Revolution würde die Menschen nicht erreichen, sie hat neben der Illusion auch etwas Verschwörerisches, Sektiererisches, Missionarisches, und das schlägt leicht ins Reaktionäre um, gerade dann, wenn viel Herzblut daran hängt und man die Sache ernst nimmt. Heilsgewissheit führt zur Intoleranz, im schlimmsten Fall zu Indoktrination und Fanatismus. Der große, alles entscheidende Umschwung im Verhalten der Menschen wird wohl nicht kommen, aber man kann eine Menge tun, um das Verhalten zu verbessern. Das erfordert einen langen Atem und stetige Anstrengungen.

Wie wichtig ist die Sicherheit?

Die Berechtigung eines Staates, einem Menschen die Freiheit zu entziehen, besteht nur dadurch, das berechtigte Sicherheitsinteresse anderer Staatsbürger zu wahren.

Wie immer, so auch hier, besteht dieses berechtigte Bedürfnis nach Sicherheit nie isoliert und absolut. Man muss es gegen das ebenso berechtigte Bedürfnis nach informeller Selbstbestimmung und persönlicher und gesellschaftlicher Freiheit abwägen. Dazu sind Gesetze da, und die Grenze des Erlaubten wird in unterschiedlichen Staaten und unterschiedlichen Zeiten unterschiedlich gezogen, sie ist also nie ein für allemal festgelegt, sie muss ständig diskutiert werden.

Der Wunsch nach absoluter Sicherheit begünstigt im Extremfall Diktaturen, die diese Sicherheit wenigstens einer gesellschaftlichen Gruppe versprechen.

Der Wunsch nach schrankenloser Freiheit begünstigt das Chaos, d.h. das primitive Recht des Stärkeren.

So hat Angst durchaus auch positive Aspekte, während Sicherheit auch problematisch sein kann.

Freiheit von Angst und Sicherheit taugen beide nicht für eine gesellschaftliche Zielvorstellung.

Jedoch ist der Staat verpflichtet, dich als Bürgerin im Rahmen der Gesetze zu schützen und dir größtmöglichen Schutz vor Übergriffen zu bieten und damit auch Angst zu nehmen. Der Staat darf aber keine Zielvorstellung für alle verbindlich machen und der Sicherheit alles andere unterordnen. Das wäre eine Entwicklung hin zum Polizeistaat und zum Staatsterrorismus.

Ich wünsche dir ein angstfreies und sicheres Leben, in dem du deine selbstgesteckten Zielvorstellungen verwirklichen kannst.

7. Gibt es Schicksal?

Antwort:

Jeder Mensch hat ein spezifisches Leben mit unwiederholbaren Erlebnissen, Gefühlen, Gedanken. Jeder hat also ein ganz persönliches Schicksal.

Ich verstehe deine Frage eher so, ob die Geschehnisse, die das Leben eines Menschen bestimmen, vorausbestimmt sind, also ob sie von Vornherein irgendwie festgelegt sind, so dass der Lebensweg unabänderlich ist, von irgendeiner Macht bereits geplant oder sich nach einem verborgenen Plan langsam enthüllt, dass die Ergebnisse des Denkens und Erlebens, die Entscheidungen schon irgendwie im Vorhinein feststehen. All dieses bliebe dem Menschen verborgen, es erwiese sich erst im konkreten Leben, welche Pläne das Schicksal mit einem hat.

Ich finde es nicht verwunderlich, dass man auf diesen Gedanken kommen kann. Die Menschen zu allen Zeiten haben nach magischen oder religiösen Kräften gesucht, um zu begreifen, warum ausgerechnet sie Tod oder Unglück heimsucht oder warum sie Glück in der Liebe hatten.

Wohin führt der Glaube an eine anonyme, alles bestimmende Macht, der man den Namen Schicksal gibt?

Wenn die Annahme eines gesteuerten oder blinden Schicksals stimmt, liegt der Gedanke nahe, zu versuchen, dieses Schicksal entweder zu beeinflussen oder, wenn dies nicht möglich sein sollte, doch wenigstens seine Absicht zu ergründen oder auch nur seine nächsten Schritte zu erfahren. Die magischen Formen dieses durchaus verständlichen Wunsches sind Wahrsagerei, Horoskope, Astrologie, also Aberglaube in den verschiedenen Formen. Auch die Religionen beschäftigen sich mit dieser Frage.

Die Annahme eines Schicksalsplanes führt unweigerlich zu der Frage, warum denn noch eigene Entscheidungen wichtig sein sollten. Wenn alles vorherbestimmt ist, kann die eigene Entscheidung eigentlich keine Rolle spielen. Man könnte noch weitergehen und behaupten, dass das Schicksal die eigene Entscheidung, egal wie sie auch ausfalle, schon in dieser Form mit eingeplant habe und der Mensch nur glaube, er entscheide etwas selbst, was aber in Wirklichkeit schon längst feststeht.

Diese Annahme bedeutet die Kapitulation des freien Willens vor einer wie immer gearteten anonymen Macht und letztlich das Aufgeben der menschlichen Würde, der Verzicht auf jede Autonomie des Menschen oder: das

Ende der Freiheit. Im Grunde wäre dann ja auch jeder Versuch der Beeinflussung oder jede Kenntnis des Schicksals von Voneherein sinnlos, denn auch das wäre ja bereits im Schicksalsplan enthalten und könnte ja nichts mehr ändern, höchstens die Ohnmacht verdeutlichen, dass man trotz des Wissens um die Zukunft dennoch hoffnungslos der anonymen Macht ausgeliefert ist.

Darin besteht auch der entscheidende Unterschied zwischen Aberglauben und christlicher Religion, die in den meisten Konfessionen von einem freien Willen des Menschen ausgeht, der zumindest Einfluss auf das eigene Schicksal hat, und sei es nur bezüglich des Verhältnisses zu Gott. Für viele religiöse Menschen wird das Schicksal mit dem unergründlichen Gottesplan gleichgesetzt, und damit ist die Frage nach dem Schicksal für sie beantwortet. Wie dies mit der Selbstgestaltung des eigenen Lebens durch den eigenen freien Willen vereinbar ist, ist mir dabei nicht ganz klar. Manche nichtchristlichen Religionen gehen daher auch von einem unabänderlichen göttlichen Plan aus, z.B. im Islam das Kismet, aber auch manche christlichen Konfessionen glauben an die Prädestinationslehre.

Wenn keine anonyme Macht über den Menschen bestimmt, und auch keine personifizierte in der Form einer religiösen Vorstellung, wer tut es dann? Wie kommt es, dass man Menschen trifft, ohne deren Dasein man sich nicht vorstellen kann, glücklich zu sein? Warum hat man ausgerechnet diesen Menschen getroffen? Ist dies vorherbestimmt gewesen? Wie könnte es sein, dass ausgerechnet unter den Milliarden von Menschen dieser mir begegnet ist? So groß können Zufälle doch nicht sein, dagegen spricht jede Wahrscheinlichkeit.

Ich glaube, dass es doch der Zufall ist, der hier eine große, vielleicht aber nicht die entscheidende Rolle spielt. Unter Zufall verstehe ich keine eigene Macht, sondern eine Verkettung von Umständen, die mir verborgen bleibt, weil ich die einzelnen Ursachen nicht kenne. Vielleicht kennt sie keiner, doch diese zusammenwirkenden Bedingungen in unübersehbarer Anzahl produzieren Fakten, deren Existenz manchmal als absurd, manchmal als bewusst herbeigeführt erscheint, jedenfalls als unerklärlich wahrgenommen wird. Unerklärliches wird dann mit Scheinerklärungen „erklärt", Rationalität wird durch Mythenbildung ersetzt.

Was ist entscheidend: Zufall oder bewusste Planung?

Wäre mein Vater im Krieg gefallen, gäbe es dich nicht, weil es mich nicht gäbe. Das sieht sehr nach Zufall aus, er hätte wirklich fallen können, aber am Ende des Krieges hat er erfolgreich versucht, sich aus den sinnlosen Kämpfen durch seine Flucht in die Berge herauszuhalten - das sieht eher nach bewusster Planung aus. Hätte ich eine andere Arbeitsstelle zugewiesen bekommen, hättest du andere Jugendfreunde, sicher eher Zufall. Dass du dir hier diese Freunde ausgesucht hast und keine anderen - sicher eher eine eigene Entscheidung. Hättest du dir ein anderes Studienfach und einen anderen Studienort ausgesucht, wären deine Lebensumstände jetzt ganz andere. Es ist eben schwierig zu entscheiden, ob das Leben von Zufällen oder von den Folgen der eigenen Entscheidungen bestimmt wird.

Ich glaube nicht, dass ein blindes oder ein besonders kluges, gütiges oder missgünstiges Schicksal unser Leben bestimmt. Unser Leben ist die Folge einer unabsehbaren Anzahl von Ursachen. Diese Ursachen können wir sehr oft nicht selbst bestimmen, und daran verzweifeln wir oder wir stehen staunend vor der Tatsache, wie unverdient wir Glück gehabt haben.

Aber so oft wir können, sollten wir versuchen, unser Schicksal selbst zu bestimmen, und selbst, wenn es uns misslingt, die Hoffnung auf die eigene Einflussnahme auf das eigene wie auch auf fremde Schicksale nicht aufgeben. Ich weiß nicht, ob du irgendwann von einem Mann attackiert wirst, aber ich versuche, die Gelegenheiten, wann das wahrscheinlicher ist, zu vermindern. Ich weiß, dass trotz größter Vorsichtsmaßnahmen alles passieren kann und frage mich deswegen oft, ob ich dir nicht zu viel erlaubt habe und das Risiko zu groß war. Aber du solltest auch eine Persönlichkeit werden, die ihr Leben selbst gestalten und verantworten kann, und dazu bedurfte es der Freiheit, und diese bedeutet auch Risiko, aber vielleicht ein kleineres Risiko, als wenn ich dich durch Angst in deiner Entfaltung zu sehr behindert hätte. Das Eis, auf dem dein Glück beruht, ist sehr dünn, es kann jederzeit brechen. Aber versuche das Deinige dazu zu tun, dass es nicht geschieht - vielleicht ist es vergeblich, vielleicht erfolgreich.

Der Glaube an ein Schicksal würde dir dabei nicht helfen, er würde dich lähmen, und das wäre vielleicht das Schlimmste.

Entscheide also, so gut du kannst, das ist, so meine ich, die einzige Möglichkeit, dein Schicksal im Sinne von Leben so zu gestalten, dass es ein schönes und sinnvolles wird. Wenn Katastrophen eintreten, ist es vielleicht tröstlicher und hilfreicher, sie zu verkraften, wenn du vorher aktiv versucht hast, sie zu verhindern. Dennoch wird man sich Vorwürfe machen, da dadurch, dass man gehandelt hat, die Katastrophe vielleicht erst ermöglicht wurde. Wenn man z.B. an diesem Tag nicht mit dem Auto gefahren wäre, hätte es auch keinen Unfall gegeben. Mit diesen Vorwürfen, besonders wenn der Verlust furchtbar ist, zermartert man sich das Gehirn.

Das ist verständlich, aber sinnlos, weil man die unbekannte Ursache ja nicht ahnen konnte. Ein Trost könnte in der Überlegung liegen: Wie viele Katastrophen mögen schon verhindert worden sein, indem man das Richtige tat?

Man muss mit seiner Unzulänglichkeit leben, und auch mit den unglücklichen und glücklichen Ereignissen, die einen betreffen, deren Eintreten man aber leider oft nicht unter Kontrolle hat.

Ein anonymes, allwissendes Schicksal gibt es nicht.

Dass du dich nicht von irrationalen Schicksalspredigern einfangen lässt und deine Entscheidungen bewusst selbst triffst, das wünsche ich dir.

8. Glaubst du an Gott?

Antwort:

Immer, wenn man mir eine Frage stellt, frage ich mich, was meine Antwort bewirken wird. Nicht, dass deshalb die Antwort anders ausfiele, aber vielleicht die Art ihrer Formulierung.

So auch hier: Würde die Antwort deine Einstellung ändern, würdest du vielleicht dann an Gott glauben, wenn ich das auch täte? Könnte dich meine Haltung überzeugen, deine zu ändern? Dann wärst du in dieser Frage noch nicht festgelegt, du würdest also selber noch nach einer Antwort suchen und vielleicht erwarten, dass meine Argumentation dich überzeugt, um dich dann dieser Argumentation anzuschließen. Dann hättest du eine gewisse Sicherheit, in deiner Auffassung nicht völlig isoliert zu sein.

Das, meine ich, kann aber eine Antwort auf diese Frage gar nicht leisten, weil diese Frage immer nur ganz persönlich beantwortet werden kann. Natürlich können Überlegungen eine Meinung bestärken oder schwächen, aber ob sie sie bestimmen können, bezweifle ich.

Ich glaube aber auch nicht, dass du die Frage in diesem Sinne gestellt hast. Ich weiß von Gesprächen, dass du einen agnostischen Standpunkt vertrittst.

Möglicherweise bist du mit dem nicht ganz zufrieden, weil eben viele Menschen anders denken. Zumindest scheinst du neugierig zu sein, wie Menschen ihren Standpunkt begründen- vielleicht treffen ja auch einige Überlegungen auf deine Haltung zu, ohne dass dir das bis jetzt klar war.

Deine Frage zeigt schon, dass du nicht davon ausgehst, dass die Existenz Gottes in irgendeiner Form beweisbar ist. Das meine ich auch: Das Wesen des Glaubens besteht darin, dass man etwas für wahr hält, das nicht beweisbar sein kann. Glauben übersteigt den menschlichen Verstand und die Erfahrung, aus der ich eine Gewissheit ableiten kann. Menschen, die vom sichtbaren Wirken Gottes oder der Glaubenserfahrung reden, können damit nicht meinen, dass sie durch die Erfahrung zum Glauben geführt worden sind. Natürlich ist es so, dass Menschen durch Erleben von Glück oder auch Unglück zum Glauben an Gott gekommen sind. Das ist aber nicht zwangsläufig so. Andere mit ähnlichen Erlebnissen könnten diese durch Zufall, zwingendes Ergebnis eines Ursache - Folge - Ablaufes oder blindes Schicksal erklären. Wenn man verzweifelt in einem Unglück einen Sinn sucht, dann kann das natürlich auch zu der Überzeugung führen, dass die Geschehnisse ein Herr über das Schicksal, ein Weltenlenker herbeigeführt oder zugelassen hat, dessen Willen man sich demütig unterwirft. Das kann ungeheuren Trost spenden, wenn man sich als Teil der Pläne des Allmächtigen erfährt, der einen nie verlässt und der am Ende aller Zeiten die allgemeine Gerechtigkeit herstellen wird.

Mir scheint jedoch, dass die meisten Menschen kein eigentliches Bekehrungserlebnis haben, sondern dass sie bereits vorher glauben und dann die Ereignisse der Welt als Bestätigung oder als Abkehr vom Heilsplan interpretieren. Da dies aber jeder anders interpretiert, ist es auch schwierig, ja eigentlich unmöglich, das sichtbare Wirken Gottes für andere zweifelsfrei zu belegen.

Kurz: Menschen dürfen hoffen, dass es Gott gibt, beweisen können sie es nicht. Genauso gut ist es zwecklos, gläubige Menschen durch logische Begründung oder naturwissenschaftliche Argumente davon zu überzeugen, dass der Glaube eine Erfindung irgendwelcher Menschen ist, z.B. dass es keinen Himmel und keine Hölle geben kann, dass eine Jungfrau kein Kind bekommen kann, dass ein Mensch nicht von den Toten auferstehen kann, dass nicht drei Personen eine einzige sein können usw. Wenn der Glaube nicht zu beweisen ist, kann er auch nicht widerlegt werden, weil das Wesen des Glaubens darin besteht, etwas für wahr zu halten, was nicht bewiesen werden kann. Könnte es bewiesen oder widerlegt werden, wäre es kein Glaube mehr.

Das führt logischerweise dazu, dass der Glaube eines Menschen grundsätzlich nicht von einem anderen kritisiert werden kann. Im Glauben ist der Mensch völlig autonom, und daher kann nur Glaubenstoleranz das Zusammenleben der Menschen überhaupt ermöglichen. Die Geschichte hat uns gezeigt und es zeigt sich noch heute, was Glaubensfanatiker anrichten können und welche unsäglichen Opfer religiöser Fanatismus fordert. Natürlich ist jede Religion bestrebt, andere von ihren allein seligmachenden Dogmen zu überzeugen, jede Religion ist daher notwendigerweise auch missionarisch. Solange dies nicht die Überzeugung anderer verletzt oder die Menschen gar selbst den Überzeugungen untergeordnet werden (so wie das in Sekten geschieht), ist dies zu akzeptieren.

Die Entwicklung der westlichen Welt hat in schmerzvollen historischen Prozessen menschliche Gemeinschaften entwickelt, die nicht ihr Ziel darin sehen, ihre Heilsgewissheit als die für alle verbindliche verpflichtend zu machen. Sie weist den metaphysischen Bereich in den Bereich des Privaten oder gesellschaftlicher Gruppen, die sich alle an Regeln zu halten haben, die die Gesamtgesellschaft für sich erstellt hat, nämlich in Form von Gesetzen, die für alle verbindlich sind, unabhängig davon, welche metaphysischen Überzeugungen die Menschen haben. Auf diesem Weg der Säkularisierung sind andere

Kulturkreise nicht so weit fortgeschritten wie die westliche, und manchmal hört man auch bei uns Stimmen, die diesen historischen Fortschritt unter Berufung auf die Religion wieder rückgängig machen wollen. Das sind die falschen Heilsverkünder, und diese gilt es zu bekämpfen.

Ich habe mich oft gefragt, welche Bedeutung es hat, ob man an Gott glaubt oder nicht. Es gibt unendlich viel soziales Engagement, das durch den Glauben genährt wird, es gibt aber auch Kriege, Unterdrückung und Verfolgung, die im Namen des Glaubens entstanden sind und auch noch entstehen. Der Glaube allein scheint also kein Garant dafür zu sein, dass alle Menschen besser werden, ich glaube nicht, dass ein Atheist von vorneherein ein schlechterer Mensch ist als ein gläubiger Mensch, die Erfahrung spricht dagegen.

Die Religionsgemeinschaften drohen mit Verdammnis, wenn man nicht an den Gott glaubt, den sie für den richtigen halten. Inzwischen ist es jedoch so, dass es auch Kirchenvertreter gibt, die jeden Weg zu Gott für akzeptabel halten, auch wenn dies in einer anderen Religion geschieht. In allen Religionen scheint aber der Weg zum ewigen Heil nicht automatisch gegeben zu sein, sondern ein gottgefälliges Leben muss hinzutreten. Abgesehen von religiösen Ritualen hat dieses gottgefällige Leben eine große Ähnlichkeit mit der

Beachtung der Menschenrechte, die ja historisch gerade von der christlichen Religion enorm beeinflusst wurden. Da der Glaube völlig individuell ist, kann der Glaube eines Menschen die anderen nur insoweit interessieren, wie er sich an die allgemeinen Regeln der Menschlichkeit hält. Das aber sieht man nur am Verhalten der Menschen selbst.

Das führt mich zu der Überzeugung, dass der Glaube als Beurteilungselement für andere Menschen völlig unerheblich ist, es kommt darauf an, wie die Menschen sich verhalten und wie sie ihr Leben in der Gemeinschaft verantwortlich leben. Wie Gott dies beurteilen würde, kann man nur mutmaßen oder einfach behaupten, was eigentlich ja schon eine unerhörte Anmaßung ist, wenn man den Glauben an Gott ernst nimmt.

Diese Verhaltensverantwortung nehme ich für mich als Maßstab für meine Beurteilung. Da ich andere und mich selbst beurteilen muss und auch von anderen zu Recht nach meinem Verhalten beurteilt werde, wie ich in der Welt lebe, und diese Maximen meines Verhaltens einer religiösen Legitimation nicht bedürfen, spielt es also auch keine Rolle, ob ich an Gott glaube oder nicht.

Ich erkläre also nicht, dass es Gott nicht gibt oder dass es ihn gibt, ich erkläre nicht, dass es besser oder schlechter ist, an Gott zu glauben, ich erkläre für mich, dass diese Frage unerheblich ist für die Beurteilung von Menschen.

Bräuchte ich den Glauben an Gott, um mich so zu verhalten, wie ich meine, dass man es muss (nicht so, wie ich es tue), so wäre es sinnvoll, an Gott zu glauben. Es widerspricht aber dem Glauben, ihn aus Nützlichkeitserwägungen auszuüben, so wie es auch dem Glauben widerspricht, ihn aus Angst vor der ewigen Verdammnis anzunehmen oder als Belohnung dafür das ewige Leben zu erwarten. Das alles riecht mir sehr nach geschäftlicher Vereinbarung. Ich selbst handle nicht in einer bestimmten Art und Weise, weil mir der Glauben ein bestimmtes Verhalten nahelegt, ich akzeptiere aber alle, bei denen das der Fall ist.

Um die Antwort kurz zu geben: Ich beantworte die Frage deshalb nicht mit ja oder nein, weil ich diese Frage für mich nicht als wesentlich erachte. Mögen sich andere ausmalen, wie Gott eine Haltung beurteilt oder sanktioniert. Allerdings werde ich alles in meiner Macht Stehende tun, damit jeder sich in dieser Frage frei entscheiden kann. Was für mich unerheblich ist, kann für andere der Lebenssinn sein, und es muss in einer Gesellschaft möglich sein, seinen Lebenssinn innerhalb der akzeptierten Regeln selbst zu bestimmen.

Ich wünsche dir, dass du deinen Lebenssinn selbst frei bestimmst.

9. Muss es Kriege geben?

Antwort:

Was die Frage nach Krieg und Frieden angeht, so gehöre ich nicht zu denen, die von der Unausweichlichkeit von Kriegen ausgehen. Die Frage der Unausweichlichkeit von Kriegen muss im Einzelfall beurteilt werden, ich glaube nicht, dass jeder Krieg, der bisher geführt wurde, vermeidbar war. Ich glaube aber auch, dass viele Kriege, die geführt worden sind, vermeidbar waren.

Warum sollte es nicht möglich sein, eine Zeit zu erreichen, die es als selbstverständlich ansieht, Konflikte, die es in der Tat immer geben wird, auf zivile Weise, also gewaltfrei, zu lösen? Es besteht keine logische Notwendigkeit, dass ein erkanntes Übel weiter bestehen sollte, nur weil es bisher bestanden hat. Zudem sind ja nahezu alle Staaten der Welt der Überzeugung, dass Krieg an sich ein Übel ist, er wird nur unter bestimmten Bedingungen, seien sie fadenscheinig oder nicht, als das kleinere Übel angesehen. Ich halte nichts von einem Determinismus, der uns weis machen will, das alles das, was da ist, auch immer da sein muss.

Die Anstrengung, Kriege zu verhindern, wird, so glaube ich, trotz aller Rückschläge es langfristig immer schwerer machen, sie zu führen. Auch hier muss man bereit sein, den langen Weg zu gehen, nur kurzfristige Aktionen, die allerdings als aufrüttelndes Mittel unersetzlich sind, können nicht alles sein. Sie müssen dazu dienen, langfristige Perspektiven zu entwickeln oder die Motivation dafür zu stärken. Um glaubwürdig zu werden, muss einerseits die moralische Ächtung eines Krieges vollkommen klar sein, andererseits muss man sich aber auch auf die Diskussion einlassen, warum Krieg in einer speziellen Situation das moralisch legitime, weil einzig verantwortbare Mittel sein soll. Man darf sich aus dieser Diskussion deshalb nicht heraushalten, weil man sonst die Entscheidungen nicht beeinflussen kann. Diese Beeinflussung wird vielleicht nicht dazu führen, dass sich sofort etwas ändert, aber sie setzt die moralischen Ansprüche höher, und das setzt die Bereitschaft herab, einen Krieg zu beginnen, denn zumindest in Demokratien sind moralische Kategorien auch politisch einflussreich. Eine Fundamentalopposition, zumindest wenn sie als einziges Argument geäußert wird, ist leichter zu marginalisieren. Das Aufdecken von konkreten Interessen ärgert die Kriegswilligen viel mehr als das „Meckern von weltfremden Weltverbesserern".

Dass du dich einmischst, damit es weniger Gewalt auf der Erde gibt, erhoffe ich mir von dir.

10. Kann man die Welt verändern?

Antwort:

Du stellst die Frage, wie du dein Verantwortungsgefühl sinnvoll einsetzen kannst.

Verantwortungsgefühl zu entwickeln heißt ja, über die eigenen unmittelbaren Bedürfnisse hinauszuschauen auf ein bestimmtes Ziel, das entweder nicht nur mit einem direkt zu tun hat und/oder das in der Zukunft liegt.

Man kann in seinem Rahmen sicher einiges dafür tun, dass sich die Verhältnisse ändern. Das ist im Einzelfall womöglich schwieriger, als auf den großen Weltumschwung zu warten. Ein schlechtes Gewissen habe ich in der Hinsicht, dass ich mir sage, dass ich gewiss mehr tun könnte. Manchmal ist meine Nachsicht mit mir zu groß. Du, wie ich auch, musst dich frei entscheiden, wie dein Engagement aussehen wird. Such die Form, die im Sinne einer Veränderung von ungerechten Zuständen den meisten Erfolg verspricht. Das kannst du meiner Meinung nach erreichen, wenn du deine Fähigkeiten möglichst ausbildest, um sie in diesem Sinne anzuwenden.

Diese muss in dem Erwerb möglichst hoher Qualifikation liegen, um an den entscheidenden Stellen mitreden zu können. Man sollte die Haie nicht unter sich lassen, man sollte sie stören, und das kann man nur mit Kenntnissen, mit Fähigkeiten, die auch hoch bezahlt werden können, die aber Auswirkungen haben auf grundsätzliche Entscheidungen, die ohne dich vielleicht anders gefallen wären. Ich glaube, dass z.B. ein Jurist oder Ökonom, der ein soziales Gewissen hat, mindestens so viel erreichen kann, wie ein Freiwilliger im sozialen Dienst, vielleicht auf die Dauer mehr. Lehr die selbstsicheren Karrierehengste das Fürchten, die Fähigkeiten dazu hast du.

Nur: Die Perspektive für das Engagement ist auf lange Sicht angelegt, der Sinn zeigt sich nicht direkt und der Erfolg wird nicht immer einfach sein. Studiere, werde fachlich gut und setz dich dann ein, das könnte etwas bewegen. Ich sehe die Gefahr, dass man korrumpiert werden kann, aber ich vertraue auf die Standhaftigkeit.

Es ist ja tatsächlich so, dass die Sorgen und Nöte vieler Menschen, vor allem derjenigen, die sich nicht artikulieren können oder denen man die Möglichkeit zur Artikulation nicht gibt, gar nicht oder kaum wahrgenommen werden. Diese Menschen brauchen Fürsprecher, und das können nur Leute sein, die sich bis zu einem gewissen Grade mit ihnen solidarisieren, und dazu muss man sich kennen und gegenseitig respektieren.

Dann hängt es aber davon ab, welche Fähigkeiten man selber hat, um die solidarische Hilfe möglichst wirksam werden zu lassen. Wenn ich eine Ausbildung als Jurist habe, kann ich möglicherweise viel mehr bewegen, als wenn ich jeden Morgen die Mahlzeiten für Arme koche. Das soll keine Abwertung tätiger Hilfe sein, sondern nur bedeuten, dass theoretische Anstrengung sehr wichtig ist, dass z.B. eine vor Gerichten erstrittene Aufenthaltsberechtigung möglicherweise für einen Ausländer wichtiger sein kann als die Versorgung durch eine Kleiderkammer. Viele können kochen, wenige können Juristen, Ökonomen oder Mediziner werden.

Wenn die Zeit deiner Ausbildung verstrichen ist, meine ich, kannst du deine Gaben in diesem Sinne einsetzen.

Dass du dieses Ziel verfolgst und dabei Erfolg hast, das wünsche ich dir.

11. Müssen sich alle an die Menschenrechte halten?

Antwort:

Sicher ist das Denken über die Menschenrechte, verstärkt seit der Aufklärung, vor allem ein europäisch-nordamerikanisch geprägter Vorgang, und das gilt auch für den Kampf um deren politische Verwirklichung. Wie für alle Errungenschaften von Kulturen, seien es die Arithmetik der Inder, die Medizin der Araber, die Industrie der westlichen Kulturen, werden diese von anderen Kulturen mehr oder weniger adaptiert. Das gilt auch für Wertevorstellungen im grundsätzlichen Bereich, natürlich mit Modifikationen. Mit der Industrialisierung beschleunigte sich der Prozess deutlich, und die Übernahme von Kulturelementen geschah weltweit lückenloser und wurde deutlicher als Fremdbestimmung von den Unterlegenen wahrgenommen (Imperialismus). Nach dem Faschismus gab es zunächst keine Regierungen oder Systeme, die die Menschenrechte im Prinzip ablehnten, als westliche Erfindung brandmarkten und deren Gültigkeit bestritten. Sogar die extremsten Diktaturen bezogen sich auf Teile der Menschenrechte oder des Völkerrechts, um ihr Handeln zu rechtfertigen (Unabhängigkeit, Selbstbestimmung, Schutz, Abwehr von Gewalt, Sicherheit für die Bevölkerung). Das heißt natürlich überhaupt nicht, dass dadurch die Menschenrechte leichter durchsetzbar seien, selbst wenn die UN-Erklärung der Menschenrechte von so gut wie allen Staaten unterschrieben wurde. Sie werden vielmehr als Legitimationsideologie missbraucht, um Machtinteressen und damit verbundene Verletzungen der Menschenrechte zu rechtfertigen.

Neu ist hingegen, dass nun von radikalen Islamisten die allgemeine Gültigkeit der Menschenrechte abgelehnt wird. Da sie von westlichen Ungläubigen formuliert seien, könne ein gläubiger Moslem sie überhaupt nicht akzeptieren. Der Islam kenne nur eine Rechtsquelle, nämlich den Koran, der das göttliche Recht und damit das daraus abgeleitete menschliche islamische Recht ein für allemal festgelegt habe und dies sei für alle unveränderbar und gültig. Um diesen göttlichen Willen durchzusetzen, seien sämtliche Taten gottgefällig und damit legitim, egal wie sie aufgrund von Menschenrechten beurteilt würden.

Die richtigen und verbindlichen Werte für eine Gesellschaft können nie die religiösen sein. Das wäre das Ende des säkularisierten Staates und damit der Beginn eines religiös motivierten Krieges aller gegen alle.

In diesem Zusammenhang wird auch über die kulturelle Relativität der Rechte diskutiert. Die Tatsache der Missachtung einzelner Menschenrechte z.B. in den islamischen Staaten, wird oft als prinzipielles Argument der Unvereinbarkeit dieser historischen Errungenschaften des Westens mit der „Kultur" des Islam interpretiert. Man erhebt damit historisch-politische Unzulänglichkeiten, die auch viele westliche Staaten noch nicht lange hinter sich haben, deren Behebung durch blutige Kriege erkämpft werden musste und deren Verwirklichung auch heute in nicht - islamischen Staaten, selbst in Europa, bei weitem nicht abgeschlossen ist, in den Bereich des Metaphysischen, sozusagen in den Bereich des Unabänderlichen, da eben Wesensmäßigen.

Damit schreibt man gerade in einer Zeit der Globalisierung die Zwecklosigkeit einer Weltdemokratisierung fest und schafft damit gleichzeitig ein pauschales Feindbild. Gerade die Attitüde der Anerkennung kultureller Besonderheiten wird hier in perfider Weise gegen die Menschen als Kampfmittel eingesetzt, sie, nicht nur die Regimes, werden zu geborenen Feinden. Es gibt zu denken, dass dieses Feindbild erst dann Konjunktur hatte, als der alte Ost - West – Gegensatz nicht mehr existierte. Unter dem neuen Feindbild lassen sich schnell andere Interessen verwirklichen, weil sie ja immer dem angeblichen Hauptinteresse unterzuordnen sind, sich gegen eine andere Kultur zu wehren. Der „Kampf der Kulturen" wird somit zur Generalabsolution für alle möglichen Interessen, umso mehr, als sich diese Interessen mit relativ geringem militärischen Aufwand realisieren lassen, was zur Zeit des Kalten Krieges nicht möglich war. Kriege werden wieder führbar, ohne dass sich Aggressoren selbst substantiell gefährden.

Man kann sich natürlich fragen, ob es hier nicht im Mantel des Kulturrelativismus um eine moderne Form des Imperialismus geht. Die islamische Welt begreift das zumindest so, sicher nicht immer ganz durchdacht und gerecht. Der Fundamentalismus, zunächst als Waffe gegen unliebsame Regimes von den westlichen Staaten unterstützt, besonders von den USA, ist nun nicht mehr so leicht zu kontrollieren, weil er häufig das identitätsstiftende Merkmal der verarmten arabischen Massen ist. Er ist ja häufig die alleinige Möglichkeit einer Artikulation der armen Leute gegen die korrupten, unfähigen, diktatorischen Regierungen, die eben ihre Legitimation durch den Westen nur dadurch erhalten, dass sie westlich gesinnt sind. Die meisten arabischen Staaten befinden sich in einem latenten Bürgerkrieg, die Parteinahme des Westens für die Systeme ist offensichtlich, eben solange sie den Westen als dominant anerkennen. Der Rekurs der Menschen auf Nichtkritisierbares, auf Gewissheiten, das heißt auf die Allmacht der Religion z.B., ist dann von einer ungeheuren Attraktivität, wenn im Leben sonst nichts mehr sicher ist. Den Fundamentalismus sehe ich demnach eher als eine verzweifelte Möglichkeit, sich selber noch irgendwo gewiss zu sein.

Ich mache mir keine Illusionen über die Gefahren, die davon ausgehen. Ich war schon oft in arabischen Ländern, ich kenne die Argumentationen, dass die Unterdrückung von Frauen nur die wahre Achtung der Frauen darstelle, dass dies eben religiös nicht nur begründet sei, sondern gesellschaftlich auch unerlässlich, wie auch von den Frauen selbst gewünscht und somit den Menschenrechten in einem viel höheren Maße entspreche als die Degradierung der Frau zu einer Ware als Sexualobjekt, wie dies im Westen üblich sei. Ich kenne die Verblendung, die feudalistischen Lobhudeleien, die zuweilen auftretende Aggressivität, die Uneinsichtigkeit, auch den Hass.

Ich bin nur der Überzeugung, dass dies abzuändern ist. Das mag dauern, aber es ist der einzige Weg. Ich bin kein Sozialromantiker, der in andere Kulturen nur das Gute hineininterpretiert und sich selbst in der Rolle des Sündenbocks gefällt.

In vielen islamischen Ländern geschehen Dinge, die eine Schande sind, und es hat keinen Zweck, das wegzudiskutieren. Aber wir können uns nicht auf den Standpunkt eines Kampfes der Kulturen stellen, als würde uns die islamische Welt, wenn wir uns nicht wehrten, durchsetzen und uns unsere eigene Identität rauben. Das ist angesichts der Kräfteverhältnisse geradezu lächerlich. Diese Denkweise hat auch keine Zukunft, weil sie grundsätzlich das Problem nicht in politisch-historischen Dimensionen sieht, die immer das Ziel haben müssen, letztlich die Welt menschlicher zu machen. Da gibt es Gegner, die das nicht wollen, und die müssen bekämpft werden, aber die sind nicht nach Kulturen getrennt, die sitzen überall, auch in den USA. Natürlich liegt es mir fern, die USA mit islamischen Staaten gleichzusetzen, hier gibt es immerhin eine zivile Gesellschaft, die Kontrollen ausübt. Diese zivilen Gesellschaften gilt es zu schaffen, gegen alle Fanatiker und Machtzyniker. Feindbilder zerstören diesen Ansatz.

Platter Realismus hat ein Gutes: Er schärft den Sinn für Gefahren. Aber er hat ein Schlechtes: Er tut so, als wäre die Realität so, weil sie so sein muss, und er degradiert sich damit schnell zur Ideologie. Wenn man nicht einen Funken Utopie bewahrt, ist das Reale auch das Richtige und zu Verteidigende. Das tötet die Zukunft, und damit die Chance auf eine humanere Welt.

Bewahre dir einen Funken Utopie!

Herstellung und Verlag:
BoD - Books on Demand, Norderstedt
ISBN 978-3-7448-9730-3